रण-रागिनी

शब्दों में शौर्य, पंक्तियों में प्रेम

आकाश

BookLeaf Publishing
India | USA | UK

Made with ❤ on the BookLeaf Publishing Platform
www.bookleafpub.in
www.bookleafpub.com

Dedication

||समर्पण||

वागर्थाविव सम्पृक्तौ वागर्थ प्रतिपत्तये।
जगतः पितरौ वन्दे पार्वतीपरमेश्वरौ॥

उन उमापति परमेश्वर को—
जो संहार में भी करुणा हैं,
जो रण में भी योगी हैं,
और जिनके तांडव में
सृष्टि का संतुलन निहित है।

जिनके त्रिनेत्र से वीरता का तेज
और हृदय से प्रेम की रागिनी बहती है।

रण-रागिनी
उन श्रीकंठ को समर्पित,
जो आदि भी हैं
और अनंत भी।

Preface

॥ भूमिका ॥

कविता मेरे लिए केवल अभिव्यक्ति नहीं, वह साधना है—जहाँ शब्द शस्त्र भी हैं और शांति भी।

रण-रागिनी उस साधना का ही परिणाम है। यह संग्रह उस द्वैत को स्वीकार करता है जो भारतीय चेतना की आत्मा में बसता है— रण और राग, वीरता और कोमलता, तांडव और लास्य; और अंततः वह मौन भी, जहाँ आत्मा स्वयं से साक्षात्कार करती है।

इस पुस्तक की कविताएँ उन वीरों का स्मरण करती हैं जिन्होंने धर्म, स्वाभिमान और राष्ट्र के लिए अपने जीवन को होम कर दिया—

और साथ ही उस प्रेम को भी स्वर देती हैं जो जीवन को केवल युद्ध नहीं, उत्सव भी बनाता है।

पर जब रण की गर्जना और राग की मधुरता दोनों शांत होते हैं, तब मन जिस सत्य से मिलता है— वही आत्मबोध है।

इस संग्रह की कुछ कविताएँ किसी एक वीर का वर्णन नहीं, बल्कि उसके भीतर उतरने का प्रयास हैं। कहीं मैंने स्वयं को राणा की दृढ़ता में ढाला है, कहीं अंगद के गर्व में, कहीं अभिमन्यु के साहस में। ये कविताएँ दूसरों को प्रेरित करने के साथ-साथ स्वयं से संवाद भी हैं— जहाँ कवि और वीर एक ही चेतना में विलीन हो जाते हैं।

और जब यह संवाद भीतर गहराता है, तब शब्द साधना बन जाते हैं— मोह से मुक्ति की, शोर से शांति की, और अहं से आत्मा की यात्रा की।

यह काव्य-संग्रह इतिहास का वर्णन नहीं, बल्कि इतिहास से प्रेरित भावों की अनुगूंज है। यहाँ रणभूमि की गर्जना है, तो वहीं हृदय की मौन प्रार्थना भी; और उसी प्रार्थना से जन्म लेता है आत्मबोध का प्रकाश।

यदि इन पंक्तियों में आपको कहीं शंखनाद सुनाई दे, तो समझिए—वह वीर रस है।

यदि कहीं मन ठहर जाए, तो जानिए—वह श्रृंगार है।

और यदि कहीं भीतर एक निस्तब्धता उतर आए, तो समझिए—वह आत्मा का स्वर है।

रण-रागिनी उन सभी के लिए है
जो शब्दों में शौर्य खोजते हैं,
भावों में सौंदर्य,
और मौन में स्वयं को।

Acknowledgements

।। आभार ।।

मैं, आकाश अनुराधा सूर्यकांत मिश्र, सर्वप्रथम माँ शारदा को हृदय से नमन और धन्यवाद अर्पित करता हूँ, जिनकी अल्प-सी कृपा से
मेरे हस्त लेखनी के योग्य बने और शब्द भावों का रूप ले सके।

अपने माता-पिता के प्रति मैं गहन कृतज्ञता व्यक्त करता हूँ, जिनका विश्वास और संस्कार मेरी प्रत्येक पंक्ति में विद्यमान है। मेरी दीदी का भी विशेष आभार, जिनका स्नेह और समर्थन हर चरण पर मेरा संबल बना।

और अंत में, उन सभी व्यक्तियों के लिए यह धन्यवाद— जिन्होंने कभी, कहीं, मेरी लिखी किसी पंक्ति को हल्के से समझा, सराहा, या मुझे लिखते रहने के लिए प्रेरित किया।

आप सबके बिना
रण-रागिनी
केवल एक विचार होती— कृति नहीं।

1. ।। रण ।।

समर भूमि संसार है–पौरुष से परिपूर्ण तेरा अन्तर्मन हो ,
भीषण बन तू भूषण हो जी हर क्षण जैसे जीवन रण हो ।

"रण" केवल शस्त्रों का संघर्ष नहीं,
यह मनुष्य के भीतर चलने वाला अनवरत युद्ध है।
यहाँ **अभिमन्यु** कलियुग के चक्रव्यूह से जूझता है,
जहाँ काम, क्रोध, लोभ, मोह, मद, मत्सर और अहंकार उसको एक साथ घेरते हैं।
यहाँ **रणमस्ताने** जीवन को समर मानकर जन्म लेते हैं और मृत्यु तक बढ़ते जाते हैं।
यहाँ **धर्मवीर** त्याग की ज्वाला हैं, **अंगद** आत्मविश्वास की जड़,
सूर्यपुत्र स्वाभिमान की अग्नि और **एकलिंग दीवान** अडिग स्वतंत्रता का घोष।

यह खंड उस पौरुष का स्तवन है
जो परिस्थितियों से नहीं, अपने संकल्प से परिभाषित होता है।

2. मैं अभिमन्यु

असंभव है
असंभव है विजय, तू हारेगा, निज हस्त अपनी आकांक्षाओं को
मारेगा।
तू क्यों हठ करता है, जाने दे, सब तो ऐसे जीते हैं, तू भी मन को विषय
वस्तु पर भरमाने दे।
किन्तु मैं हारू क्यूँ? विषय भोग कर कुल कीर्ति को मारू क्यूँ?
सब करते हैं, मैं भी कर जाऊँ? अपनी ही दृष्टि में मार जाऊँ?
सब होंगे सिपाही जो दौड़ पड़े, सुन कान खोल, मैं युवराज हूँ।
जो चीर के निकले चक्रव्यूह तेरा, मैं वो सुवर्णिम बाज हूँ।
तो मैं हारू क्यूँ? संसार का भय मैं मानू क्यूँ?

है युद्ध ये कलियुग कुरुक्षेत्र का,
मैं इसके चक्रव्यूह का विध्वंशक हूँ, मैं अभिमन्यु! मैं अभिमन्यु!

कुछ कहेंगे मैं अभिमानी हूँ, कुछ कहे धर्म पथ गामी हूँ।
क्या कहता संसार - मैं कुछ ना जानूँ, बीच पथराव में रख चरित्र की
ढाल, मैं बजरंगी को आदर्श मानूँ।
धर दिया है पाव जहाँ, तो अब पीछे हटना जानता नहीं, जीना मरना
आदि-अंत सब व्यर्थ हैं, मैं कुछ मानता नहीं।
मैं जानूँ इतना केवल कि है हारना नहीं मुझको, लाज हूँ मेरे मात पिता

की, उसको मारना नहीं है मुझको।
कोई रहे ना रहे संग मैं विचारूँ क्यूँ?
मैं हारू क्यूँ? पीछे रह जाऊँगा संसार से, ये भय पालूँ क्यूँ?
सुन, मैं मर भी गया तो विजेता हूँ, आज छाती ठोक के कहता हूँ।

है युद्ध ये कलियुग कुरुक्षेत्र का,
मैं इसके चक्रव्यूह का विध्वंशक हूँ, मैं अभिमन्यु! मैं अभिमन्यु!

\- आकाश

भावार्थ

यह कविता मानव जीवन को कलियुग के कुरुक्षेत्र के रूप में प्रस्तुत करती है, जहाँ प्रत्येक व्यक्ति को अपने अंतर्मन में उठने वाले विकारों और बाह्य संसार के प्रलोभनों से सतत संघर्ष करना पड़ता है। कवि ने स्वयं को अभिमन्यु के रूप में चित्रित किया है, जो धर्मयुद्ध में निर्भीक होकर चक्रव्यूह में प्रवेश करता है। यहाँ 'कली' अधर्म, प्रलोभन और नैतिक पतन का प्रतीक है, जो कवि को यह समझाने का प्रयास करता है कि आज के युग में विषय-भोग, स्वार्थ और समझौता ही सामान्य जीवन-पद्धति है। वह भय उत्पन्न करता है कि यदि कवि इस प्रवाह में सम्मिलित नहीं होगा, तो वह संसार की दौड़ में पीछे रह जाएगा।

किन्तु कवि इन तर्कों को अस्वीकार करते हुए अपने सिद्धांतों, कुल-गौरव तथा माता-पिता की मर्यादा की रक्षा का संकल्प लेता है। वह काम, क्रोध, लोभ, मोह, मद, मत्सर और अहंकार को सात महारथियों के समान मानता है, जो मिलकर भी उसकी आत्मशक्ति को पराजित नहीं कर सकते। कवि अपने चरित्र को ढाल और धर्म को अस्त्र

बनाकर संघर्ष करने का निश्चय करता है। उसके लिए सच्ची विजय बाहरी सफलता नहीं, बल्कि आत्मसम्मान, नैतिक दृढ़ता और आदर्शों पर अटल रहना है। अतः वह घोषणा करता है कि यदि संघर्ष करते हुए मृत्यु भी प्राप्त हो जाए, तो भी वह विजेता ही कहलाएगा, क्योंकि उसने अपने धर्म और स्वाभिमान का परित्याग नहीं किया।

3. रणमस्ताने

आज खेल कुश्ती का जीवन संग, नहीं पा रही गर्दन धर पाने।
आपदा, विपदा सब धरी पड़ी, नहीं पा रही साहस डुलवाने।
आलंकित कर नाम मृत्युंजयों में, कर में बाँधे रक्त दस्ताने।
आज रण में उतरे, रण को ध्याते, मृत्यु पाते – रणमस्ताने।

नभ से बरसे दुख की धारा, ना समय किंतु तनिक सकुचाने।
नाते रिश्ते सब झुठलाए हुए, नहीं पा रहे मन को भरमाने।
नपुंसकता की छोड़ छाया, नाचते तांडव हम मर्दाने।
नरमुंडों को देख प्रफुल्लाते, रण में उतरे, रण को ध्याते, मृत्यु पाते –
रणमस्ताने।

त्रैलोक विजय की मनीषा ठाने, त्रिकाल लड़ते मोह के मारे।
त्रयम्बक से अब आस लगाकर, त्रिपुरारी की शरण में सारे।
त्रास करे संसार जितना भी, त्रसित न होते मरण भयहारे।
त्रिदेव समस्त देख चकिताते, रण में उतरे, रण को ध्याते, मृत्यु पाते –
रणमस्ताने।

संघर्ष जीवन का हो जटिल, पर हम नहीं मानते स्वाभिमान बिकवाने,
सत्य अंतिम तो मृत्यु है, हम नहीं जानते उससे भी घबराने।
संकल्प कर रण में उतरे हैं, विजय या की वीरगति को पाने ।

स्वयं सर्व समस्त सक्षम हैं, सब संशय स्वतः सुलझाने, स्वतंत्र सदा सर्वस्व रहेंगे,
हम जीवन को रण सम लड़ने वाले ।
इच्छाशक्ति की धर तलवारे, ले दृढ़ निश्चय के कर में भाले, आज रण में उतरे, रण को ध्याते, मृत्यु पाते – रणमस्ताने।

- आकाश

भावार्थ

यह कविता जीवन को एक विराट रणभूमि के रूप में प्रस्तुत करती है, जहाँ प्रत्येक मनुष्य जन्म लेते ही एक योद्धा बन जाता है। कवि के अनुसार जीवन में आपदाएँ, विपदाएँ, दुःख और मोहभंग निरंतर उपस्थित रहते हैं, किंतु सच्चा वीर वही है जो इन सबके मध्य भी साहस, स्वाभिमान और अडिग इच्छाशक्ति के साथ संघर्ष करता है। वह जानता है कि अंतिम सत्य मृत्यु है, जो बिना किसी भेदभाव के सबको समान रूप से प्राप्त होती है, फिर भी वह भयभीत नहीं होता। उसके लिए जीवन का उद्देश्य पराजय से बचना नहीं, बल्कि सम्मानपूर्वक संघर्ष करना है।

कवि यह भी स्पष्ट करता है कि मनुष्य अपने स्वप्नों, आकांक्षाओं और विजय की कामना के साथ रण में उतरता है। यद्यपि उसे ज्ञात है कि अंततः मृत्यु ही विजयी होगी, तथापि वह संघर्ष को त्यागता नहीं। विजय और वीरगति – दोनों को वह समान गौरव के रूप में स्वीकार करता है। त्र्यम्बक और त्रिपुरारी की शरण लेकर वह आध्यात्मिक शक्ति का आह्वान करता है तथा स्वयं को आत्मबल से संपन्न मानता है।

इस कविता की एक विशिष्ट काव्य-विशेषता यह है कि प्रत्येक पद्यांश का आरंभ समान वर्ण-समूहों या ध्वनियों से किया गया है, जैसे "नभ", "नाते", "नपुंसकता" तथा "त्रैलोक", "त्रिकाल", "त्रयम्बक", "त्रिपुरारी" आदि। यह शैली **अनुप्रास अलंकार** (Alliteration) का सुंदर उदाहरण है, जहाँ एक ही ध्वनि की पुनरावृत्ति काव्य में ओज, लय और प्रभाव उत्पन्न करती है। इस प्रकार कविता केवल भावों में ही नहीं, शिल्प की दृष्टि से भी अत्यंत सशक्त और प्रभावशाली है।

4. धर्मवीर

बात बताता हूँ उन दिनों की, जब जन मानस ने कष्ट सहा।
न जाने कब देखी थी सूर्यकिरण, मलेच्छों ने भारतवर्ष को अंधियारे से था भर दिया।
उस अंधियारे में माँ भवानी के पुत्र स्वरूप एक दीप जला।
जिस दीप ने हिन्द भूमि के उजियारे को जन्म दिया।
मैं कीर्तिगान बताता हूँ महा प्रतापी तेजवंत उस युवराज की,
माथे पर जिसके चंद्र तिलक – मृगराज सी जिसकी दहाड़ थी।
नियति के रचे खेल में जो हर पल था झूँझ रहा, बाल अवस्था से ही शंभु अपने अस्तित्व के कण-कण ढूँढ रहा।
१५ वर्ष की आयु में ही जिसने बुद्धभूषण ग्रंथ रच दिया,
प्राण रक्षणे हेतु जिसके अपने ही पिता ने जिसको मृत घोषित कर दिया।
सब सह कर भी जो कैलाश के सम अटल रहा, शौर्य कीर्ति से अपनी जो इतिहास के पन्नों पर अमर रहा।
लड़ता रहा शंभु रणभूमि में देव, देश, धर्म के स्वाभिमान हेतु,
अजय रहा, पर बाँधी बना अपनों के ही अभिमान हेतु।
जिसने जीवित भू पर नर्क भोगा, किंतु मस्तक अपना ना झुकने दिया,
हिंदू स्वराज्य की मशाल को ना शम्भु राजे ने बुझने दिया।
जिसका देह टूटा, किंतु चरित्र नहीं, उस रणपण्डित सम कोई पवित्र नहीं,

मैं गुणगान सुनाता हूँ हिंदू स्वराज्य के देह, चित्त, प्राण, श्वास और कण-कण में बसे उस महा रणधुरंधर का--

ये केवल नाम से ही शंभु नहीं, ये है रौद्र अंश स्वयं शंकर का।

- आकाश

भावार्थ

यह कविता धर्मवीर छत्रपति संभाजी महाराज के अद्वितीय जीवन, शौर्य और धर्मनिष्ठा का ओजस्वी कीर्तिगान है। कवि उस कालखंड का चित्र प्रस्तुत करता है जब विदेशी आक्रांताओं के अत्याचारों से भारतभूमि पीड़ित थी और जनमानस निराशा के अंधकार में डूबा हुआ था। ऐसे समय में संभाजी महाराज एक दीपशिखा के समान प्रकट हुए, जिन्होंने हिंदवी स्वराज्य के उजियारे को पुनर्जीवित किया। बाल्यावस्था से ही वे असाधारण प्रतिभा और अदम्य साहस के धनी थे; अल्पायु में ही उन्होंने 'बुद्धभूषण' जैसे ग्रंथ की रचना कर अपनी विद्वत्ता सिद्ध की।

कवि वर्णन करता है कि नियति ने उनके जीवन में अनेक कठोर परीक्षाएँ प्रस्तुत कीं। परिस्थितिवश उनके पिता छत्रपति शिवाजी महाराज को भी एक समय उन्हें मृत घोषित करना पड़ा, परंतु इन विषम परिस्थितियों ने उनके संकल्प को और दृढ़ किया। वे कैलाश पर्वत के समान अटल रहे और देव, देश तथा धर्म की रक्षा हेतु निरंतर रणभूमि में संघर्षरत रहे। अपनों के विश्वासघात और शत्रुओं के अत्याचार सहकर भी उन्होंने अपने स्वाभिमान को कभी झुकने नहीं दिया।

यद्यपि उन्हें असह्य यातनाएँ सहनी पड़ीं और अंततः प्राणों का बलिदान देना पड़ा, तथापि उनका चरित्र अटूट और पवित्र बना रहा। उन्होंने हिंदू स्वराज्य की मशाल को बुझने नहीं दिया। कवि उन्हें केवल एक वीर राजा नहीं, अपितु भगवान शंकर के रौद्रांश के रूप में प्रतिष्ठित करता है, जिनका जीवन समस्त हिंदू समाज के लिए शाश्वत प्रेरणा है।

5. अंगद

भयभीत हुआ तू, घबरा गया, ना जान जग के रंगमंच को?
सोचा नहीं होगा, मुझसे नहीं झेल पाऊँगा मैं इस संसारी प्रपंच को?
अरे छोड़ भय निराशा सब, तू इस धरा का उज्ज्वल वंश हो,
बन फरसा, गरज तू परशुराम का, बन कृष्ण तू, मर्तक कंस हो।
सफलता रक्त मांगे तो रक्त दे, मांगे रण तो तू रणरंगद हो,
क्यों उदास है? उठ! पाव जमा, सीना तान – रावण की सभा थाड़ तू अंगद हो।

न डुले विश्वास लाख व्यंगों से, न धर शीश किसी असमंजस को।
तू जानता है ना, तू कौन है? फिर क्यों खुरेदता है अपनी समंजस को?
अरे छोड़ मोह माया सब, तू अपने मात-पिता की लाज हो,
बन तलवार, बरस तू भवानी की, बन इंद्र वृत्तासुरहन्तक हो।
सफलता श्रम मांगे तो श्रम दे, मांगे रण तो तू रणरंगद हो,
क्यों हताश है? उठ! पाव जमा, सीना तान – रावण की सभा थाड़ तू अंगद हो।

कोटि समस्या आए आमने, राम नाम श्रद्धा साची हो,
तोड़ फेंक हर पहाड़, उठा फरुआ, तू माँझी हो।
रुक नहीं, थक नहीं, हर परिस्थिति तेरे आदि हो,
श्वास अंतिम तक युद्ध कर, अपने रथ का स्वयं तू सारथी हो।

न शीश झुकाना कभी, तू जगत विदित अभिमानी हो।
सफलता त्याग मांगे तो त्याग सब, मांगे रण तो तू रणरंगद हो,
क्यों रुका है? उठ! पाव जमा, सीना तान – रावण की सभा थाड़ तू अंगद हो।

- आकाश

भावार्थ

यह कविता महावीर अंगद के आदर्श को केंद्र में रखकर रचित एक ओजस्वी प्रेरणागीत है। कवि उन व्यक्तियों का आह्वान करता है जो जीवन की असफलताओं से भयभीत होकर निराश बैठे हैं और अपनी वास्तविक शक्ति को भूल चुके हैं। वह उन्हें स्मरण कराता है कि वे साधारण नहीं, बल्कि उज्ज्वल वंश के उत्तराधिकारी हैं। जिस प्रकार लंका की सभा में असंख्य महारथियों से घिरे होने पर भी अंगद विचलित नहीं हुए, उसी प्रकार मनुष्य को भी जीवन की विपत्तियों से भयभीत नहीं होना चाहिए।

यहाँ कवि ने जीवन के विकारों—भय, मोह, संशय और निराशा—की तुलना रावण से की है। रावण केवल बाह्य शत्रु नहीं, बल्कि अहंकार और अधर्म का प्रतीक है। अंगद जिस प्रकार प्रभु श्रीराम के नाम के आश्रय से रावण की सभा में अडिग खड़े रहे और अपना चरण जमाकर चुनौती दी, वही स्थिरता और आत्मविश्वास कवि प्रत्येक मनुष्य में जागृत करना चाहता है।

कवि यह भी संदेश देता है कि सफलता यदि श्रम, त्याग या संघर्ष की माँग करे, तो उससे पीछे नहीं हटना चाहिए। व्यक्ति को अपने जीवन-रथ का स्वयं सारथी बनकर अंत तक युद्ध करना चाहिए। माता-पिता

की लाज, आत्मगौरव और धर्मबोध ही उसकी वास्तविक शक्ति हैं।

अतः यह कविता केवल पौराणिक स्मरण नहीं, बल्कि आत्मजागरण का घोष है—जो हमें सिखाती है कि यदि आस्था दृढ़ हो और संकल्प अटल, तो संसार का कोई भी रावण हमें डिगा नहीं सकता।

6. सूर्यपुत्र

आओ आज मैं अपनी दृष्टि से कुरुक्षेत्र दिखलाता हूँ
जिसको लगाना चाहु हृदय चित्त से उस भाई पर बाण चलता हूँ
जानू पराजय निश्चित है फिर भी मैं शास्त्र उठाता हूँ
दे प्राणों की आहुति समर में मित्रता का मूल्य चुकाता हूँ ,
मैं सूर्यपुत्र कहलाता हूँ - मैं सूर्यपुत्र कहलाता हूँ ।

याद करूँ तो सोचू के जीवन ने मुझको क्या दिया?
अभेद्य बनाया नियति ने किंतु बदले में मुझसे क्या लिया?
राजपुत्र होकर भी मैं राज पाठ से वंचित रहा ,
शिक्षा भी ली तो झूठ बोलकर, इस नियति चक्र में घूम रहा
अपमान सहूँ, अपशब्द सहूँ भारी सभा में चीख चीख कर मैं भी सक्षम
हूँ सबसे कहूँ ।
फिर याद करूँ तो भरी सभा में मैंने एक पतिव्रता का अपमान किया
और जब जब कोई भूखा दिखा तब तब मैंने दान किया ।
आज इस क्षण में मैं सबकुछ याद में लाता हूँ तो पाप पुण्य जितना
किया सबकुछ व्यर्थ मैं पाता हूँ ,
मैं सूर्यपुत्र कहलाता हूँ - मैं सूर्यपुत्र कहलाता हूँ ।

श्रेष्ठ कहलाने की लालसा में द्वेष कौन्तेय से लगा बैठा ,
जाने अनजाने द्वेष अग्नि में धर्म अधर्म मैं जला बैठा ।

कहलाया ना सर्वश्रेष्ठ मैं उसका भी मुझको दुख नहीं ,
समक्ष मृत्युक्षण को श्री कृष्ण है, मेरा सारा सुख वहीं ।
अब भूल के सारी शिक्षा अभिमान मैं -- माटी में लतपत हो जाता हूँ
मारना पड़ा निःशस्त्र जिसे उस क्षत्रिय का सामर्थ्य बताता हूँ
शीश नवाए माधव को अब वीरगति को जाता हूँ
कदाचित पाठ कुछ धर्माधर्म का मैं भी तुमको सिखाता हूँ ,
मैं सूर्यपुत्र कहलाता हूँ - मैं सूर्यपुत्र कहलाता हूँ ।

- आकाश

भावार्थ

यह कविता महाभारत के महान पात्र सूर्यपुत्र कर्ण की अंतर्द्वंद्वपूर्ण मनःस्थिति का मार्मिक चित्रण है। कवि कर्ण के दृष्टिकोण से कुरुक्षेत्र का वर्णन करते हुए उसके जीवन-संघर्ष, पीड़ा, दानशीलता और नैतिक दुविधाओं को उजागर करता है। राजपुत्र होते हुए भी सामाजिक उपेक्षा और तिरस्कार झेलने वाला कर्ण नियति के कठोर खेल का शिकार रहा। उसे अभेद्य कवच-कुण्डल प्राप्त हुए, परंतु बदले में उसे सम्मान और स्वीकार्यता नहीं मिली। श्रेष्ठ धनुर्धर होते हुए भी उसे शिक्षा हेतु असत्य का सहारा लेना पड़ा और राजपाट से वंचित रहना पड़ा।

कर्ण के जीवन में धर्म और अधर्म के मध्य एक सूक्ष्म रेखा निरंतर विद्यमान रही। एक ओर मित्र दुर्योधन के प्रति कृतज्ञता और मित्रता का ऋण था, तो दूसरी ओर अपने ही भ्राताओं के विरुद्ध युद्ध करने का दायित्व। ईर्ष्या और प्रतिशोध की भावना में उसने द्रौपदी के अपमान जैसे कर्म भी किए, जिनका पश्चाताप उसके अंतर्मन को

व्यथित करता है। फिर भी उसकी दानवीरता अद्वितीय थी—वह कभी किसी याचक को निराश नहीं करता था।

युद्धभूमि में जब उसका अंतिम क्षण आता है और श्रीकृष्ण साक्षात् उपस्थित हैं, तब कर्ण अपने अभिमान का परित्याग कर आत्मस्वीकृति की अवस्था में पहुँचता है। निःशस्त्र होकर भी वह क्षत्रिय धर्म का पालन करता है और वीरगति को प्राप्त होता है। यह कविता कर्ण के जीवन के माध्यम से सिखाती है कि मनुष्य पूर्णतः धर्ममय या अधर्ममय नहीं होता, बल्कि परिस्थितियाँ और निर्णय उसे गढ़ते हैं।

7. एकलिंग दीवान

कभी सुना है की महलो में रहने वाला कहीं गुफाओ में जीवन बिताता है?
धर्म रखने हेतु कौन घास की रोटी खाता है ?
किन शब्दों से बखान करूँ? साहस को राणा के अदम्य कहूँ?
मातृभूमि का अभिमान कहूँ? के एक लिंग की आन कहूँ ?
विवश मैं और मेरा शब्द कोश हो जाता है ,
सोच विचार कर राणा बस इतना ही कह ये पाता है ।

कर धरे भला रणमस्ताना चित्तौड़ का चेतक पर सवार है ,
देख देख मृत्यु को तांडव रण में अरिदल घुटनों पर अवार है ।
हिंदुआ सूरज मेवाड़ शिरोमणि आज पुनः विजय रथ पर सवार है ।
बहती सरासर रक्त धारा, हर महादेव गूंजे नारा ,
बिखरे पड़े दिखाई दे क्षत्रु सब - कहे प्राण बचा लो के--
एकलिंग दीवान है , रण में एकलिंग दीवान है ।

- आकाश

भावार्थ

यह कविता मेवाड़ मुकुटशिरोमणि महाराणा प्रताप के अदम्य साहस, त्याग और राष्ट्रधर्म के प्रति उनकी अटूट निष्ठा का ओजस्वी वर्णन है। कवि प्रश्नात्मक शैली में आरंभ करते हुए यह संकेत देता है कि राजमहलों में जन्म लेने वाला कौन ऐसा वीर होगा जो धर्म और स्वाभिमान की रक्षा हेतु गुफाओं में जीवन बिताए तथा घास की रोटी खाने को भी स्वीकार कर ले। यह त्याग और दृढ़ता केवल महाराणा प्रताप जैसे महापुरुष में ही संभव थी।

कवि उनके साहस का वर्णन करते हुए उन्हें मातृभूमि का अभिमान और एकलिंगजी के दीवान के रूप में प्रतिष्ठित करता है। चेतक पर आरूढ़ होकर रणभूमि में शत्रुओं के मध्य निर्भीक विचरण करते हुए वे मृत्यु के तांडव को भी चुनौती देते प्रतीत होते हैं। हल्दीघाटी के युद्ध का स्मरण कर कवि दिखाता है कि किस प्रकार शत्रु सेना उनके पराक्रम से भयभीत होकर विचलित हो उठती थी। “हिंदुआ सूरज” के रूप में वे केवल मेवाड़ के शासक नहीं, बल्कि समस्त हिंदू स्वाभिमान के प्रतीक बन जाते हैं।

कविता में “एकलिंग दीवान” का उद्घोष यह दर्शाता है कि वे स्वयं को ईश्वर का प्रतिनिधि मानकर धर्मरक्षा को अपना परम कर्तव्य समझते थे। रक्तरंजित रणभूमि, गूँजते “हर-हर महादेव” के स्वर और शत्रुओं की पराजित अवस्था—ये सभी चित्र उनके अपराजेय संकल्प को प्रकट करते हैं।

इस प्रकार यह कविता महाराणा प्रताप के त्याग, स्वाभिमान और

धर्मनिष्ठ जीवन को आदर्श रूप में प्रस्तुत कर उन्हें शाश्वत प्रेरणा-पुरुष के रूप में स्थापित करती है।

8. ।। रागिनी ।।

केशव बने युद्धसार्थी, राधा रानी हो मन स्वामिनी ,
अनंत अनागत रणभूमि में, बहे अविरल प्रेम रागिनी ।

"रागिनी" केवल प्रेम का उच्चारण नहीं, हृदय का स्पंदन है।
यहाँ **माँ** की निःस्वार्थ छाया है, जहाँ ममता शब्दों से परे ठहरती है।
कभी प्रेम संकोच बनकर पूछता है – **मेरी हो?**, तो कभी साहस से स्वीकार करता है – **तुमको चाहता हूँ**।
कभी मन दुविधा में ठहरकर कहता है – **सुनाऊ तुम्हें?**, और कभी **नैन तिहारे** में समूचा संसार देख लेता है।
और जब साथ छूट जाता है, तब स्मृति धीमे से कहती है – **तुम याद आती हो**।

यह खंड उस प्रेम को समर्पित है जो प्रश्न भी है, स्वीकार भी, और विरह की शांत अग्नि भी

9. माँ

कह पाऊ ना कहे बिना रह पाऊ ना , सोचू के कभी जताऊँगा कभी
आपके प्रेम का मोल चुकाऊँगा
किंतु कितना फिर भी कर पाऊँगा? आपके चरणों की धूल तक ना बन
पाऊँगा
मैं ममता आपकी तोल पाऊ ना , शब्दों में मेरे इतना मैं रस घोल पाऊ
ना
सब जानती हो ना माँ आप तो , बेटे के मन को जानती हो ना माँ आप
तो
अब आपसे क्या बताऊ माँ ? और आपसे क्या छुपाऊ माँ ?

छुपा है क्या कुछ माँ आपसे? मेरा क्रोध प्रेम मेरा ज्ञान खेल मेरा
समस्त सर्वस्व संसार आपसे !
आपसे समस्त संस्कार मेरे आपसे मेरे शाम सवेरे
मैं बालक नादान सबसे अनजान, डरा सहमा चला चलता हूँ संसार
सागर में आपके पल्लू को ढाल सा घेरे
मैं डरता हूँ माँ जब भी आपसे बिछड़ने का विचार मैं करता हूँ माँ
खैर सब जानती हो ना माँ आप तो ? अपने बेटे को पहचानती हो ना
माँ आप तो ?
फिर आपसे क्या बताऊ माँ? और आपसे क्या छुपाऊ माँ?

मैं दुखी करता हूँ कभी माँ आपको , फिर भी प्रेम से पास बुलाती हो
माँ आप तो?

माँ मैं आपको समझ नहीं पता हूँ , ममता के सागर में आपके डूबता
चला जाता हूँ , किंतु मुझ डूबते को कोई बचाये भी ना , मेरी माता की
गोद से कोई तनिक हिलाए भी ना , की मैं इस सागर में ही परमानंद
को पाता हूँ , तुम जाओ वैकुंठ मैं मेरी मैया के चरणों में जाता हूँ

आप क्या हो माँ मैं कैसे कहूँ आपको? तुच्छ से मेरे शब्दों से इन पन्नों
पे माँ मैं कैसे भरूँ आपको ?

खैर आवश्यकता भी क्या है

माँ सब जानती हो ना आप तो ? अपने बेटे को पहचानती हो ना आप
तो ?

तो अब समाधान दो ,

बताओ के आपसे क्या बताऊ माँ? और आपसे क्या छुपाऊ माँ ?

- आकाश

भावार्थ

इस कविता में मैंने अपनी माता के प्रति उमड़ते निष्कलुष प्रेम, श्रद्धा और कृतज्ञता को व्यक्त करने का प्रयास किया है। मैं स्वयं को असमर्थ पाता हूँ कि उनके असीम प्रेम का प्रतिदान किस प्रकार करूँ, क्योंकि उनकी ममता अपरिमेय और अतुलनीय है। मुझे अनुभव होता है कि मेरे शब्द इतने समर्थ नहीं हैं कि वे उनके स्नेह की गहराई को पूर्णतः अभिव्यक्त कर सकें। मेरे जीवन के संस्कार, मेरा ज्ञान, मेरा आचरण और मेरे जीवन का प्रत्येक प्रहर उन्हीं से आलोकित है।

मैं स्वयं को एक नादान बालक के रूप में देखता हूँ, जो संसार रूपी सागर में कभी भयभीत होकर आगे बढ़ता है और अपनी माँ के आँचल को ढाल बनाकर सुरक्षित अनुभव करता है। मेरे लिए उनका सान्निध्य ही सबसे बड़ा आश्रय है। मैं स्वीकार करता हूँ कि कभी-कभी मैं उन्हें दुख भी पहुँचा देता हूँ, फिर भी वे स्नेहपूर्वक मुझे अपने पास बुला लेती हैं। उनकी यही करुणा और क्षमाशीलता मुझे बार-बार विनम्र बना देती है।

मेरी दृष्टि में माँ की गोद ही परम आनंद है, वही मेरे लिए वैकुंठ के समान है। संसार के समस्त सुख भी उनके चरणों के सामने तुच्छ प्रतीत होते हैं। अंततः मैं यही अनुभव करता हूँ कि उनसे मैं क्या कहूँ और क्या छिपाऊँ, क्योंकि वे मेरे मन की प्रत्येक भावना को बिना कहे ही जान लेती हैं।

10. मेरी हो ?

यूं तोह कोई कभी विचारो में आया नही मेरे
यूं तोह कभी किसीने स्वप्न सजाए नही मेरे
ये जो नयन छलनी करे है हमको क्या ये सचमुच है तेरे?
या बस ये एक भ्रम है हृदय का मेरे
क्या तुम सचमुच प्रतिदिन आती हो?
प्रतिदिन मेरे मन के दीप जलाती हो?
प्रतिदिन मुझे अपना कहकर बुलाती हो?
क्या तुम ही हो जो दबे पांव आकर हल्के से मुस्कुराती हो
और अपनी खिलखिलाहट संग मेरे सारे दुख लेजाती हो?
मन मेरा ये सवाल करे सब जानकर भी अनजान बने
ना विश्वास करे तुम मेरी हो,मेरी सर्द जीवन की दोपहरी हो
हो तुम ही मेरा हृदय नाद
हो तुम ही मेरा वाम भाग
मैं मन को हर दिन ये बताता हूँ,ना घबरा यह पाठ भी इसे पढ़ता हूं
अब तुम ही इसका समाधान दो मेरे अंतर मन को जीवन दान दो
बस कह दो की तुम मेरी हो
मेरे सर्द जीवन की दोपहरी हो ।

- आकाश

भावार्थ

इस कविता में मैंने अपने मन की कोमल, संकोचपूर्ण और आत्मीय भावनाओं को व्यक्त करने का प्रयास किया है। मैंने अपने जीवन को "सर्द" कहकर उसका रूपक प्रस्तुत किया है। जिस प्रकार शीत ऋतु में प्रकृति सूनी, निस्तब्ध और शुष्क प्रतीत होती है, उसी प्रकार मेरा जीवन भी एक समय नीरस और एकाकी था। ऐसे में मेरी प्रियतमा मेरे जीवन में शीतकालीन धूप के समान आई, जिसने मेरे अस्तित्व को उष्णता, प्रकाश और नवजीवन प्रदान किया।

मैं आश्चर्य और हल्के संकोच के साथ उससे प्रश्न करता हूँ कि क्या सचमुच वह प्रतिदिन मेरे मन में आशा का दीप जलाने आती है, क्या वही है जो मेरी उदासी और दुःखों को हर लेती है। उसकी आँखों की छवि, उसकी मधुर मुस्कान और उसकी उपस्थिति मेरे अंतर्मन को स्पंदित कर देती है। फिर भी मेरा मन विश्वास और संशय के बीच झूलता रहता है—सब अनुभव करते हुए भी मैं स्वयं को अनजान बनाए रखता हूँ।

मैंने उसे अपने हृदय का नाद और अपने अस्तित्व का वामभाग कहा है, क्योंकि वही मेरे जीवन की अपूर्णता को पूर्णता प्रदान करती है। मैं अपने चंचल मन को धैर्य देता हूँ, पर अंततः उसी से उत्तर चाहता हूँ। इस कविता के माध्यम से मैंने अपने प्रेम की पुष्टि की आकांक्षा व्यक्त की है—मैं चाहता हूँ कि वह स्वयं कहे कि वह मेरी है और मेरे शीत जीवन की आलोकमयी, मधुर दोपहर है।

11. तुमको चाहता हूँ !

हृदय मेरा हो क्षीर सागर तो क्षीर समान उसमे अथाह तुम
एक बूँद भर प्रेम मेरा लिख ही लूँगा सो बूँद समान बतलाता हूँ
जानता नहीं हूँ तैरना फिर भी छलाँग लगता हूँ ,
मैं तुम ही तुमको चाहता हूँ बस तुम ही तुमको चाहता हूँ ।

सोचता हूँ कुछ मैं कुछ और ही करता जाता हूँ ,
कहना ये सब चाहता हूँ किन्तु लिखता स्वयंकों पाता हूँ ।
मेरी कलम की सियाही से तिनका भर मेरा प्रेम जताता हूँ ,
मैं तुम ही तुमको चाहता हूँ बस तुम ही तुमको चाहता हूँ ।

क्या सृजन करूँ जो तुमको पा जाऊ? कितने जतन करूँ की तुमको समझा पाऊ?
दिन के उजियारे में तुमको ध्याता हूँ, रात्रि के अंधियारे में तुमको सर्वस्व पाता हूँ ।
आतुर होता है मन इसको सधियाता हूँ, कठिन है जताना कैसे दिन बिताता हूँ ,
मैं तुम ही तुमको चाहता हूँ बस तुम ही तुमको चाहता हूँ ।

तुम जीवन होती तो जीता ही चला जाता, यदि होती मृत्यु तुम तो प्राण त्याग मैं तत्क्षण तुम्हारा होजाता ।

जाता हूँ मंदिर को मैं ---
जाता हूँ मंदिर को मैं शम्भो समीप शीश नवाता हूँ किंतु शीश नवाते
समय भी मन में चित्र तुम्हारा पाता हूँ ,
मैं तुम ही तुमको चाहता हूँ बस तुम ही तुमको चाहता हूँ ।

- आकाश

भावार्थ

इस कविता में मैंने अपने प्रेम की गहराई और उसकी आध्यात्मिक अनुभूति को व्यक्त करने का प्रयास किया है। मैंने अपने हृदय की तुलना क्षीरसागर से की है और अपनी प्रेयसी को उस क्षीर के समान माना है, जो उस सागर का सार और आधार है। जिस प्रकार क्षीरसागर में भगवान विष्णु शयन करते हैं, उसी प्रकार मेरे मन-मंदिर में जो श्रद्धा, आस्था और जीवन का भाव है, उसका आधार भी वही है। मैंने उसे अपने अंतर्मन में अत्यंत ऊँचा और पवित्र स्थान दिया है।

मैं जानता हूँ कि मेरा प्रेम अथाह है, परंतु मेरी लेखनी उसकी पूर्ण अभिव्यक्ति करने में समर्थ नहीं है। इसलिए मैंने कहा है कि मैं केवल एक बूँद भर प्रेम ही लिख पाता हूँ, जबकि मेरे भीतर भावनाओं का सागर उमड़ रहा है। तैरना न जानते हुए भी उस सागर में छलाँग लगाने का अर्थ है कि मैं बिना किसी भय या संकोच के पूर्ण समर्पण के साथ प्रेम करता हूँ।

दिन के उजाले से लेकर रात्रि के अंधकार तक, हर क्षण मेरा मन उसी के चिंतन में डूबा रहता है। यहाँ तक कि जब मैं मंदिर में भगवान शंभु

के समक्ष शीश नवाता हूँ, तब भी मेरे मन में उसी का चित्र उभर आता है। इस प्रकार मैंने यह व्यक्त किया है कि मेरे जीवन, मेरे प्रेम और मेरी आस्था—तीनों का केंद्र वही है।

12. सुनाऊ तुम्हें?

कहती हो क्या हूँ मैं तुम अपने शब्दों से बताओ मुझे
सोचू खोजू शब्दकोश कि कुछ कहीं कह पाऊ तुम्हें
क्या है प्राण श्वास बिना ये कहती हो बतलाऊ तुम्हें?
क्या है सागर जल बिन ये कहती हो दिखलाऊ तुम्हें?
आकाश के शब्द आकाश की कविताई आकाश की सर्व सर्वस्व
लिखाई सब हारे बैठा सोचे बस की क्या हो तुम कैसे सुनाऊ तुम्हें?

कहती हो सब बहाने है, क्या समझती हो क्यों संसार से बेगाने है?
सब कहे खोया सा रहता है कहो कैसे समझाऊ उन्हें?
किस असमंजस में जीता हूँ कैसे लिख कर जताऊ तुम्हें?
सुबह में तुम शाम में तुम हर घड़ी विधा हर रात में तुम सब त्याग जोगी
बना फिरू ओढ़े चोला तुम्हारे नाम का दिखलाऊ तुम्हें?
आकाश का कथन आकाश के जतन आकाश की तृण भर की
पंडिताई सब धरे बैठा सोचे बस की क्या हो तुम कैसे सुनाऊ तुम्हें?

\- आकाश

भावार्थ

इस कविता में मैंने अपने उस असमंजस और भाव-विस्मय को व्यक्त किया है, जब मेरी प्रेयसी मुझसे पूछती है कि वह मेरे लिए क्या है। मैं शब्द खोजने का प्रयास करता हूँ, मानो शब्दकोश टटोल रहा हूँ, किंतु कोई भी उपमा या परिभाषा मुझे पर्याप्त प्रतीत नहीं होती। मैं यह समझाने का प्रयास करता हूँ कि जैसे प्राण बिना श्वास के अधूरे हैं, जैसे सागर जल के बिना शून्य है, वैसे ही मेरा जीवन उसके बिना अर्थहीन है; फिर भी मुझे लगता है कि ये उपमाएँ भी उसके महत्व को पूर्णतः व्यक्त नहीं कर पातीं।

मैं स्वीकार करता हूँ कि मेरे समस्त शब्द, मेरी कविताएँ और मेरी लेखनी उसके भाव को व्यक्त करने में स्वयं को असमर्थ पाती हैं। संसार मुझे खोया हुआ समझता है, किंतु वे यह नहीं जानते कि मैं उसके चिंतन में लीन हूँ। मैं स्वयं भी इस असमंजस में जीता हूँ कि अपने हृदय की इस स्थिति को किस प्रकार स्पष्ट करूँ।

मेरे लिए वह केवल एक व्यक्ति नहीं, बल्कि मेरी हर सुबह, हर संध्या और प्रत्येक रात्रि का आधार है। उसका स्मरण मुझे वैराग्य की सीमा तक ले जाता है, मानो मैं उसके नाम का चोला ओढ़े एक योगी बन गया हूँ। अंततः मैं यही अनुभव करता हूँ कि मेरी समस्त विद्वत्ता और प्रयास उसके स्वरूप को परिभाषित करने में अपर्याप्त हैं। इसलिए मैं बार-बार स्वयं से यही प्रश्न करता हूँ—वह क्या है, और मैं उसे कैसे सुनाऊँ?

13. नैन तिहारे

बैरागी से फिरे दर दर, होश हवाश सब बैठे हारे
मन ना लगे किसी प्रपंच में, मंद मगन से प्रेम के मारे
त्याग मोह सारे संसार का, दिल मेरा अब हवाले तुम्हारे
क्या बताए क्यों खोए खोए से है, जबसे ताके नैन तिहारे ।

ना जाने ये कौनसा मायाजाल है, सारा झूठ हमे लगता सच हाल फ़िलहाल है,
ना जाने कब पड़े इस स्वप्न में हम, आँख खुली तो पाया स्वयं को चरणों में तुम्हारे,
देखा मुख तो फिर मंत्रमुग्ध हुए शब्द भी ना निकले कोई मुख से हमारे,
अब क्या बताए क्यो बावरे से हुए रहते है, जबसे ताके नैन तिहारे ।

एक दिन बस खो जाए इन नैनो में, मन चाहे बँधी हो जाए इन नैनो में,
इन नैनो की ही राह ताकते है हर पल में दिन में रैनो में,
हमने प्रेम करुणा दुख सब देखा इन नैनो में हमने सुख देखा,
देखा हमने जग सारा इन नैनो में, देखा हमने रब हमारा इन नैनो में,
हमारी पूजा आराधना सब तुम्हारी पलको के द्वारे,
अब क्या बताए क्यो सब भूले बिसरे फिरते है, जबसे ताके नैन तिहारे ।

कुछ कह भी नहीं पाते है कहे बिना रह भी नहीं पाते है ,
हम क्या बताए सुन्दरता इन दो नैनो की तुम्हारे?
बस राम करे इन नैनो को तकते तकते ही हम प्राण वारे,
अब और आगे क्या बताए की क्यों पागल से भटकते है, जबसे ताके नैन तिहारे ।

- आकाश

भावार्थ

इस कविता में मैंने अपने उस विरक्त, उन्मत्त और पूर्णतः समर्पित प्रेमभाव को चित्रित किया है, जो मेरी प्रेयसी के नयनों के दर्शन के पश्चात मेरे भीतर जागृत हुआ। उसके नेत्रों ने मानो मेरे समस्त चेतन-तंत्र को अपने वश में कर लिया है। मैं स्वयं को बैरागी की भाँति दर-दर भटकता अनुभव करता हूँ—न मुझे संसार के प्रपंचों में मन लगता है, न किसी अन्य आकर्षण में। जब से मैंने उसके नयन देखे हैं, मेरा हृदय, मेरी चेतना और मेरा अस्तित्व सब उसी के हवाले हो गए हैं।

मुझे यह प्रेम एक मायाजाल-सा प्रतीत होता है, जहाँ झूठ भी सच लगता है और स्वप्न भी यथार्थ बन जाता है। ऐसा लगता है मानो मैं किसी स्वप्न में उसके चरणों में पहुँच गया हूँ और उसके मुख के दर्शन से मंत्रमुग्ध हो गया हूँ। शब्द साथ छोड़ देते हैं, भावनाएँ उमड़ती हैं, पर अभिव्यक्ति मौन रह जाती है।

उसके नयन मेरे लिए केवल सौंदर्य का प्रतीक नहीं, बल्कि प्रेम, करुणा, दुःख और सुख—समस्त अनुभूतियों का संसार हैं। उन्हीं में

मुझे जगत का विस्तार भी दिखाई देता है और ईश्वर का साक्षात्कार भी। मेरी पूजा, मेरी आराधना और मेरी साधना सब उसके नयनों के इर्द-गिर्द सिमट आई है।

अब मैं न पूर्णतः कह पाता हूँ, न मौन रह पाता हूँ। बस यही कामना है कि उन नयनों को निहारते-निहारते ही जीवन पूर्ण हो जाए। इस प्रकार यह कविता मेरे उस प्रेम-विलय की अभिव्यक्ति है, जहाँ मैं स्वयं को खोकर भी पूर्णता का अनुभव करता हूँ।

14. तुम याद आती हो....

झूठा हूँ मैं----झूठा हूँ मैं कहता हूँ सब संसार से मन बहलानेको ,
मन चाहता है, मेरा मन चाहता है फिर उन्ही नैनो में गोता खानेको ।
ना हो कर भी, तुम ना हो कर भी मेरा चित्त नित धड़काती हो ,
सच कहता हूँ, अब सच कहता हूँ....तुम....याद आती हो ।

ये मूर्खता मेरी, देखो मूर्खता भी मेरी की जानता हूँ बस पन्ने भर पानेको ,
कोटि जतन करके, मैं कोटि जतन करके भी नहीं सक्षम तुम्हारी हँसी भूलपानेको ,
प्रतिदिन हँसकर, तुम यूही प्रतिदिन हँसकर मेरे मन का दीप जला जाती हो ,
सच कहता हूँ, अब सच कहता हूँ.....तुम....याद आती हो ।

आत्मा कहती है, मेरी आत्मा तो कहती है सब त्याग तुम्हारा हो जानेको ,
जीवन कहा? तुम बिन जीना ही तो कहेंगे मर जानेको ।
किन्तु हँसते रहना, तुम विचारो में आकर कह जाती हो ,
सच कहता हूँ, अब सच कहता हूँ.....तुम.....याद आती हो ।

मेरा सुख, मेरा सुख ही इच्छा है तुम्हारी कहती थी ना तुम?

सारे दुख अपने भुला कर मेरे लिए हँसती थी ना तुम?
आज तुम साथ नहीं, आज तुम साथ नहीं तो मेरा सब कुछ जैसे माटी हो ,
तुम आज भी मेरे नैनो से अश्रुओं की धार बनकर बहजाती हो ,
मेरा मुझमें तो कुछ रहा नहीं, मेरा मुझमें कुछ भी रहा नहीं बस तुम ही तुम रहजाती हो ,
हर घड़ी प्रहर हर मोड़ चौराहा हर पल तुम नज़र आती हो ....
मैं सच कहता हूँ, तुम याद आती हो, तुम....बहोत याद आती हो ।

- आकाश

भावार्थ

इस कविता में मैंने अपने उस आंतरिक द्वंद्व को व्यक्त किया है, जो विरह के पश्चात मेरे भीतर निरंतर चलता रहता है। मैं संसार के समक्ष स्वयं को दृढ़ और उदासीन दिखाने का प्रयास करता हूँ। मैं बार-बार यह कहता हूँ कि मुझे कोई अंतर नहीं पड़ता, मैं सब कुछ भूल चुका हूँ। परंतु यह केवल मन बहलाने के लिए कहा गया झूठ है। सत्य यह है कि मेरा मन आज भी उन्हीं नयनों की गहराई में पुनः डूब जाना चाहता है।

वह मेरे जीवन में अब प्रत्यक्ष रूप से उपस्थित नहीं है, फिर भी उसका स्मरण प्रतिदिन मेरे चित्त को आंदोलित करता है। मैं जानता हूँ कि मेरी लेखनी केवल पन्ने भर सकती है, परंतु उसकी मुस्कान को भूलने में असमर्थ है। मैं स्वयं को मूर्ख भी कहता हूँ, क्योंकि लाख प्रयास करने पर भी उसके स्मरण से मुक्त नहीं हो पाता। उसकी हँसी आज भी मेरे मन में दीप प्रज्वलित कर जाती है।

मेरी आत्मा मुझे सब कुछ त्यागकर उसी का हो जाने को कहती है। उसके बिना जीवन अधूरा ही नहीं, मानो मृतप्राय प्रतीत होता है। वह साथ नहीं है, परंतु उसका अभाव ही मेरे अस्तित्व में उसकी उपस्थिति को और गहरा कर देता है। मेरी आँखों से बहते आँसू उसी के स्मरण का प्रमाण बन जाते हैं।

अंततः मैं स्वीकार करता हूँ कि मुझमें मेरा कुछ भी शेष नहीं रहा; जो कुछ है, वही है। संसार के समक्ष मैं चाहे जितना असंवेदनशील बनूँ, पर अपने अंतर्मन में मैं यह सत्य मान लेता हूँ—वह आज भी मुझे अत्यंत स्मरण आती है, और यही मेरे प्रेम की सच्ची स्वीकृति है।

15. ।। आत्मबोध ।।

जब मौन बने महाकाल सा, और श्वास जपे ओम् का बोध,
तब आत्मा कह उठे स्वयं—मैं ही पथ हूँ , मैं ही सारा शोध।

आत्मबोध वह क्षण है जब भीतर सोया हुआ सत्य जागता है।
प्रलय बाहर नहीं, मन के भीतर होता है – जब मोहसागर टूटता है और भ्रम का साम्राज्य ढह जाता है।
तब ललाट पर केवल **त्रिपुंड** रह जाता है, स्मरण दिलाता हुआ कि देह क्षणभंगुर है पर चेतना शाश्वत।
कभी वह पुकार बनकर **नाथ** को खोजता है, कभी कृपा बनकर **शिवाशीष** में उतरता है।
वैराग्य की धारा में बहता हुआ मन अंततः **योगी** हो जाता है – त्याग में ही पूर्णता पाता हुआ।
और जब सब कुछ शांत हो जाता है, तब एक स्वर शेष रहता है -- **कवि हूँ मैं**, जो जानता है कि देह नश्वर है, पर शब्द अमर हो सकते हैं।

यही इस खंड की यात्रा है – मोह से महादेव तक, और प्रपंच से स्वयं तक।

16. प्रलय

सुख दुख सबका अपनाकर मैं, सबको ही न्योछावर होगया
सिसकता हुआ घृणा कर स्वयंपर मध्यरात्रि में जैसे तैसे सो गया
आँख खुली यकायक मेरी, क्षीर रहा नैनो में जल सारा क्षय हो गया
सोया पड़ा था मोह सागर में, जागा तो मन में प्रलय होगया।
जाना की मैं तो भटक गया था, माया को कुछपल बँधी होगया
भ्रम टूटे, अहम छूटा, मेरी आत्मा का पुनः उदय होगया
ईर्ष्या मत्सर सब त्याग दिया सब भावनाओ का विलय होगया
सोया पड़ा था मोह सागर में, जागा तो मन में प्रलय होगया।

भूला था के अपने केवल मुरारी है, मुरली की धुन में पुनः खोगया
आशीष ले गिरिधारी का, श्यामा-श्याम में मन ही डुबो गया
संसार के शोर में दबा हुआ, मैं ख़ुद की लाश को ढोता गया
फिर जिसदीन कृष्णाश्रय मिला, जागा तो मन में प्रलय हो गया।
मैंने जतन अनेक किए की मैं उस नींद से ना उठ पाऊ, मोह बंधन का मारा था मोह का ही रह जाऊ
किंतु उफान उस सागर की लपटो का मेरे अंतर मन को विनष्ट कर गया....
सोया पड़ा था मैं मोह सागर में, जागा तो मन में प्रलय होगया।

\- आकाश

भावार्थ

इस कविता में मैंने अपने आत्मिक जागरण की प्रक्रिया को व्यक्त किया है। एक समय ऐसा था जब मैं मोह, आसक्ति और लोगों की स्वीकृति पाने की इच्छा में बँध गया था। मैं सबके सुख-दुःख को अपनाकर स्वयं को न्योछावर करता रहा, पर भीतर ही भीतर अपने ही अस्तित्व से घृणा करने लगा। बाह्य रूप से सब कुछ सामान्य प्रतीत होता था, परंतु भीतर मेरा मन मोह-सागर में डूबा हुआ था।

एक दिन अचानक मेरी चेतना जागृत हुई। जिन संबंधों और स्वीकृतियों को मैं सत्य समझता था, वे सब भ्रम सिद्ध हुए। मुझे अनुभव हुआ कि जिन्हें मैं अपना मानता था, वे केवल आडंबर कर रहे थे। यह सत्य जब मेरे सामने स्पष्ट हुआ, तो मेरे अंतर्मन में मानो प्रलय आ गया। मेरा अहंकार, मेरी अपेक्षाएँ और मेरी आसक्तियाँ टूटने लगीं। ईर्ष्या, मत्सर और मान्यता की भूख का विलय होने लगा। मैंने अनुभव किया कि संसार के शोर में मैं स्वयं की ही देह ढो रहा था, अपने वास्तविक स्वरूप से दूर हो चुका था। परंतु जब मुझे ईश्वर—मुरारी, गिरिधारी—का आश्रय मिला, तब मैंने अपने भीतर एक नवीन प्रकाश का उदय होते देखा। कृष्णाश्रय ने मुझे यह समझाया कि सच्चा आधार बाहरी प्रशंसा नहीं, बल्कि आत्मबोध है।

उस जागरण का अनुभव इतना तीव्र था कि उसने मेरे भीतर की समस्त जड़ता को नष्ट कर दिया। वह एक आंतरिक प्रलय था, जिसने मुझे तोड़ा भी और पुनः निर्मित भी किया। जागने के बाद कुछ भी पहले जैसा नहीं रहा, क्योंकि मैंने स्वयं को पुनः पा लिया था।

17. त्रिपुंड

कंठ बँधी रुद्राक्ष माल, भस्म चिह्न विराजे भाल
तप ज्योति उज्ज्वल नेत्रों में, शीश नमाए खड़ा काल
शिव नाम मुख में विरल तरंग, भय खाए चलाने को यम दंड
डिम डिम हृदयनाद बाजे मृदंग साजे त्रिपुंड माथे त्रिपुंड साजे त्रिपुंड माथे त्रिपुंड

वाणी सुखदायक प्रेम मगन, क्रोध विनाशी अनल प्रचंड
सत्व रज तमस सब हारे, बम भगत भोगत नित अनन्द
हास्य करे संसार सकल, मौज उड़ाए बैरागी स्वच्छंद
डिम डिम हृदयनाद बाजे मृदंग साजे त्रिपुंड माथे त्रिपुंड साजे त्रिपुंड माथे त्रिपुंड

सहाय गायत्री सब हरे पाखंड, अविनाशी माने मृत्यु उमंग
शिव शंकर शंभो हर हर करते, धरे निर्भय धर्म ध्वजदंड
श्वास समीर महाप्रचण्ड, जैसे गंगा प्रवाह बहे अखंड
डिम डिम हृदयनाद बाजे मृदंग साजे त्रिपुंड माथे त्रिपुंड साजे त्रिपुंड माथे त्रिपुंड

- आकाश

भावार्थ

इस कविता में मैंने त्रिपुंड धारण करने वाले शिवभक्त के अंतर्मन का चित्रण किया है, और कहीं न कहीं उसमें अपने ही भावों को भी व्यक्त किया है। कंठ में रुद्राक्ष की माला, भाल पर भस्म से अंकित त्रिपुंड और नेत्रों में तप की ज्योति–ये केवल बाह्य चिह्न नहीं, बल्कि आंतरिक जागृति और वैराग्य के प्रतीक हैं। मैंने यह दिखाने का प्रयास किया है कि जो शिवनाम में लीन है, उसके समक्ष काल भी नतमस्तक हो जाता है और यम का दंड भी भयभीत प्रतीत होता है।

"डिम-डिम" की ध्वनि से गूँजता हृदय मानो शिवतत्व का मृदंग बन जाता है। त्रिपुंड यहाँ केवल तिलक नहीं, बल्कि सत्व, रज और तम–इन तीनों गुणों पर विजय का संकेत है। जब मैं त्रिपुंड धारण करता हूँ, तो वह मुझे स्मरण कराता है कि क्रोध को तप में, मोह को त्याग में और भय को निर्भयता में परिवर्तित करना ही सच्ची साधना है।

इस कविता में मैंने यह भी व्यक्त किया है कि शिवभक्त संसार के उपहास या पाखंड से अप्रभावित रहता है। उसके लिए मृत्यु भी उत्सव के समान है, क्योंकि वह उसे अविनाशी आत्मा का बोध कराती है। गंगा के अखंड प्रवाह की भाँति उसकी श्वास और श्रद्धा निरंतर प्रवाहित होती रहती है।

अतः यह कविता बाह्य श्रृंगार का वर्णन मात्र नहीं, बल्कि उस शिवभाव का महिमामंडन है, जिसे मैं स्वयं अपने जीवन में धारण करने का प्रयास करता हूँ।

18. नाथ

थे प्रश्न कुछ आकाश तुझसे

प्रश्न है क्या चाहता तू , है प्रश्न किसको ध्याता तू?
हो मस्त मतवाला किस भाव तरंग में झूलता फिरता जाता तू?
कौन मन में है तेरे है किसका गीत गाता तू ?
तू किस दुनिया में जीता है? कुछ पूछूं कुछ बताता तू !

उत्तर

मैं भाव विभोर हो पागल सा सुन गीत कौन सा गाता हूं
मैं गंगा की पावन धार की शपथ ले ये सुनता हूं
मैं नर कपालों के जंजाल में जीवन ढूंढता जाता हूं और जीवित जो जो है उसमें मैं मृत्यु मृत्यु ध्याता हूं
काल का भी जो काल है , सर्वे सर्वा महाकाल है
मैं कीर्ति उनकी गाता हूं जो भस्म रमाए बैठा है शमसाने जिसको पाता हूं

मैं शंभू शंभू गाता हूं मैं शंभू शंभू ध्याता हूं

श्वास मेरी जो धरे और प्राण मेरे जो हरे

जो काल मेरे बन खड़े, जो मेरे लिए काल से भी लड़ पड़े
मेरा जीवन जिनसे आज है, मेरी मृत्यु जिनके पास है
मेरे पुण्य पाप सब है जिनसे, जिनसे मेरी सब आस है
जो पिता मेरे जो सखा मेरे जो बंधु मेरी जो मात है
जो विजय मेरी जो पराजय है जो मेरे रोम रोम में विद्धमान है
मैं यशगान उनका गाता हूं सारे जग को गा सुनता हूं

मैं शंभू शंभू गाता हूं मैं शंभू शंभू ध्याता हूं

जो आदिसृजन है सृष्टि का जो अंतिम तांडव काल है
जिनके नेत्र दया कर जीवन दे जिनके नेत्र प्रलय का द्वार है
जो मूर्ख को भी ज्ञानी करे जो ज्ञानियों का ज्ञान है
है हस्त असक्षम मेरे भी मेरी लिखाई का जो सार है
जो मुझ जैसे को शरण दे ये उनके गुणों का बखान है
मां शारदे सहाय हो की मैं शब्दो से परब्रह्म बताता हूं
मैं गुण गान उनका गाता हूं सब जानते हो क्या सुनाता हूं

मैं शंभू शंभू गाता हूं मैं शंभू शंभू ध्याता हूं

- आकाश

भावार्थ

यह कविता मेरे जीवन में पूछे गए एक प्रश्न का काव्यमय उत्तर है। किसी ने मुझसे पूछा कि मैं किस भाव में डूबा रहता हूँ, किसका स्मरण करता हूँ, किसका गीत गाता हूँ और किस संसार में जीता हूँ। इन प्रश्नों के उत्तर में मैंने अपने अंतर्मन की वास्तविक स्थिति प्रकट की है।

मैंने व्यक्त किया है कि मेरा मन सामान्य सांसारिक विषयों में नहीं रमता, बल्कि उस परम सत्ता में लीन रहता है जो काल का भी काल है —महाकाल। मैं जीवन और मृत्यु दोनों को उसी दृष्टि से देखता हूँ। जहाँ लोग जीवन में जीवन खोजते हैं, वहाँ मैं जीवन के भीतर मृत्यु और मृत्यु के भीतर अमरत्व का बोध करता हूँ। श्मशान में भस्म रमाने वाले, तांडव करने वाले, परंतु करुणा से जीवन देने वाले शिव ही मेरे चिंतन और साधना का केंद्र हैं।

मेरे लिए वे केवल देवता नहीं, बल्कि पिता, सखा, बंधु और माता—सब कुछ हैं। मेरा जीवन भी उन्हीं से है और मृत्यु भी उन्हीं के अधीन है। मेरे पुण्य-पाप, मेरी विजय-पराजय, मेरी श्वास और प्राण—सब उन्हीं के अधीन हैं। मैं स्वीकार करता हूँ कि मेरी लेखनी स्वयं में असक्षम है; यदि उसमें कोई सार है तो वह भी उनकी ही कृपा से है।

अतः यह कविता मेरे आध्यात्मिक झुकाव और महाकाल के प्रति मेरी अखंड भक्ति की उद्घोषणा है। जब मैं “शंभू-शंभू” गाता हूँ, तब वह केवल उच्चारण नहीं, बल्कि मेरे अस्तित्व का सत्य है।

19. शिवाशीष

नटराज करे नृत्य निरन्तर, आपका अंतर्मन हो नृत्यशाला ।
मनोभूमि के अपस्मारों पर, त्रिपुरारी नाचे बन रखवाला ।।

महाकाल हो अकालांतक, दयादृष्टि रखे त्रिकाला ।
वैभव-धन ऐश्वर्य विश्वनाथ रक्षे, कुल-वंश रखे त्रिनेत्रोवाला ।।

शिव करे मनोरथ सकल पूर्ण, कीर्ति सम्भाले डमरूवाला ।
विघ्न विनाशे शितिकण्ठ सब, दुःख हरे सब जिमि विष-प्याला ।।

वासुदेववंद्य हो मार्गदर्शक, अभिचार हरे त्रिशूलवाला ।
आयु रक्षे कैलाशपति, तन रक्षे भैरव कराला ।।

योगेश्वर भगवान सारथी हो, अर्जुन का जिमि गोकुल का ग्वाला।
कर्मयोग का मर्म बताए , शंकर तमस को हरने वाला ।।

- आकाश

भावार्थ

इस कविता में मैंने शिव-तत्व के प्रति अपनी पूर्ण श्रद्धा, समर्पण और आंतरिक साधना को व्यक्त किया है। यह केवल स्तुति नहीं, बल्कि मेरी आत्मा की उस परम चेतना से एकत्व की कामना है। मैंने नटराज के नृत्य को अंतर्मन की नृत्यशाला से जोड़ा है—अर्थात् जब शिव चेतना भीतर जागृत होती है, तो मनोभूमि के समस्त अपस्मार, विकार और अज्ञान पर त्रिपुरारी स्वयं नृत्य करते हुए उन्हें पराजित करते हैं।

मैंने महाकाल, विश्वनाथ, शितिकण्ठ, त्रिशूलधारी, कैलाशपति और भैरव जैसे विविध स्वरूपों का स्मरण कर यह प्रार्थना की है कि वे जीवन के प्रत्येक आयाम—धन, कीर्ति, आयु, कुल-रक्षा, कर्म और आत्मबल—की रक्षा करें। मेरे लिए शिव केवल संहारकर्ता नहीं, बल्कि दयादृष्टि रखने वाले त्रिकालदर्शी हैं, जो विष को पीकर भी जगत का कल्याण करते हैं।

इस रचना की विशेषता यह है कि प्रत्येक पद्य का प्रथम अक्षर मिलकर "नमः शिवाय" मंत्र का आह्वान करता है। यह बाह्य अलंकरण नहीं, बल्कि मेरे भीतर चल रहे निरंतर जप का प्रतीक है। ग्यारह नामों के माध्यम से मैंने शिव के विविध आयामों को प्रणाम किया है और यह स्वीकार किया है कि मेरी जीवन-यात्रा का सार उन्हीं की कृपा में निहित है।

अंततः यह कविता मेरी प्रार्थना है—कि वे मेरे कर्मपथ के सारथी बनें, तमस का नाश करें और मेरे अंतर्मन को अपने दिव्य नृत्य से आलोकित रखें।

20. योगी

तुम मोह जीवन का रखते हो, हमको मृत्यु से भी भयहारी
तुम ख़ौफ़ लपटों से खाते हो, हमको आगे छुए ना चिंगारी
तुमको प्रेम दसो जन करते है, हमको कुक्कुर पूछे ना तरकारी
तुम सेठ ज़माने के बड़े हो, हम ना कोई साहेब ना बाबू सरकारी
तुम आस दुनियाभर से रखते हो, हमारा आसरा एक भोला भंडारी

- आकाश

भावार्थ

इस कविता में मैंने संसार और साधक के जीवन-दृष्टिकोण के बीच का स्पष्ट अंतर प्रस्तुत किया है। मैं यहाँ स्वयं को एक ऐसे व्यक्ति के रूप में व्यक्त करता हूँ, जो सांसारिक मोह, प्रतिष्ठा और भय से परे रहने का प्रयास करता है। मैंने कहा है कि जहाँ लोग जीवन के मोह में बँधे रहते हैं और मृत्यु से भयभीत होते हैं, वहीं मैं मृत्यु को भी एक सत्य मानकर स्वीकार करने को तत्पर हूँ। अग्नि की लपटों से जो भय खाते हैं, उनके विपरीत मैं उस चिंगारी को भी छूने का साहस रखता हूँ, क्योंकि मेरा विश्वास किसी और पर नहीं, केवल भोले भंडारी पर है।

मैंने सामाजिक भेद को भी दर्शाया है—किसी को अनेक जन प्रेम

करते हैं, वे सेठ या प्रतिष्ठित व्यक्ति हो सकते हैं; पर मैं स्वयं को सामान्य, उपेक्षित और अल्पज्ञ मानता हूँ। न मेरे पास पद है, न वैभव, न सामाजिक मान-सम्मान। किंतु मुझे इसका शोक नहीं, क्योंकि मेरा आधार संसार नहीं, बल्कि शिव हैं।

"हमारा आसरा एक भोला भंडारी" कहकर मैंने यह व्यक्त किया है कि जब ईश्वर का आश्रय प्राप्त हो, तब बाहरी प्रतिष्ठा, धन या जनसमर्थन का महत्व क्षीण हो जाता है। यह कविता मेरे वैराग्य, निर्भयता और ईश्वर-आश्रित जीवन-दृष्टि की उद्घोषणा है।

21. कवि हूँ मैं

शब्दों के साँचे में मुझको जैसे ढालोगे ढल जाऊँगा,
अपनी भावनाओं के तरंग में जैसा बहाओगे मैं बहता जाऊँगा।
जिस घड़ी जिस परिस्थिति में जैसा सोचोगे सो मैं नज़र आऊँगा,
क्योंकि कवि हूँ मैं - शब्दों से मन पे छाप छोड़ जाऊँगा।
मन तुम्हारा प्रसन्न तो मैं प्रसन्नता सुनाऊँगा,
दुखी जो होगे कभी तो अपनी कलम से अश्रु मिटाऊँगा।
मनोदशा मैं समझ तुम्हारी पन्नों पर उसे उतारता जाऊँगा,
क्योंकि कवि हूँ मैं - शब्दों से मन पे छाप छोड़ जाऊँगा।
हँसोगे कभी तो हास्य मैं भी काव्य रूप में बताऊँगा,
कभी ललकार कर भीतर तुम्हारे एक योद्धा भी जगाऊँगा।
ना हारने दूँगा तुम्हें कभी मैं अपनी वाणी से हर संदेह सुलझाऊँगा,
क्योंकि कवि हूँ मैं - शब्दों से मन पे छाप छोड़ जाऊँगा।
गुम हो जाऊँगा यूँ ही किसी दिन, फिर कभी दिखने में न आऊँगा,
गुनगुनाते ये रचनाएँ मेरी इन पंक्तियों भर का ही रह जाऊँगा।
याद यदि ना आया तुमको, तो स्वप्नों में आकर फिर वैसे ही शब्द गुनगुनाऊँगा,
क्योंकि कवि हूँ मैं - अपने शब्दों से अमर हो जाऊँगा, अपने शब्दों में अमर हो जाऊँगा।
क्योंकि कवि हूँ मैं ....

- आकाश

भावार्थ

इस कविता में मैंने अपने कवि-स्वरूप और शब्दों की शक्ति को व्यक्त किया है। मैंने स्वयं को ऐसे सृजनकर्ता के रूप में देखा है जो पाठक की भावनाओं के अनुरूप ढल जाता है। जैसे कोई कुम्हार मिट्टी को साँचे में ढालता है, वैसे ही मैं अपने शब्दों को मनुष्य की मनोदशा के अनुसार आकार देता हूँ। यदि मन प्रसन्न है तो मैं आनंद का गान बन जाता हूँ, और यदि मन दुःखी है तो मेरी लेखनी अश्रुओं को पोंछने का माध्यम बनती है।

मैं यह स्वीकार करता हूँ कि कवि का अस्तित्व केवल उसके भीतर सीमित नहीं रहता; वह पाठक के हृदय में जीवित होता है। मैं हँसी को हास्य में, पीड़ा को करुणा में और निराशा को उत्साह में परिवर्तित करने का प्रयास करता हूँ। यदि आवश्यकता हो तो अपनी वाणी से भीतर सोए योद्धा को भी जगा सकता हूँ। मेरे शब्द केवल मनोरंजन नहीं, बल्कि प्रेरणा, सहारा और आत्मबल का स्रोत बनने की आकांक्षा रखते हैं।

मैं जानता हूँ कि एक दिन मेरा भौतिक अस्तित्व लुप्त हो जाएगा, पर मेरी रचनाएँ जीवित रहेंगी। यदि कोई मुझे स्मरण न भी करे, तो भी मेरे शब्द स्वप्नों में गूँजते रहेंगे। इसी विश्वास के साथ मैंने कहा है कि कवि अपने शरीर से नहीं, बल्कि अपनी वाणी से अमर होता है। मेरी अमरता मेरे शब्दों में ही निहित है, और यही मेरी साधना, मेरा अभिमान और मेरी पहचान है।

22. ।। अंतिम निवेदन ।।

यदि इन पृष्ठों में कहीं आपको अपना संघर्ष दिखा हो – वह "रण" था।
यदि कहीं किसी पंक्ति में आपकी धड़कन ठहरी हो – वह "रागिनी" थी।
और यदि किसी शब्द ने आपके भीतर प्रश्न जगाया हो – वह "आत्मबोध" था।

मैंने जो लिखा, वह केवल मेरे जीवन का अनुभव नहीं था; वह उस हर व्यक्ति का सत्य है --
जो लड़ता है, जो प्रेम करता है, और जो अंततः स्वयं को खोज लेता है।
यदि इन कविताओं में आपने अपने अश्रु देखे हों,
अपनी मुस्कान देखी हो,
अपना क्रोध, अपना मोह, अपना वैराग्य पहचाना हो–तो समझिए यह पुस्तक पूर्ण हुई।
मेरे शब्द शायद सीमित हैं, पर भाव अनंत हैं।
यदि कभी जीवन के किसी मोड़ पर
आपको अपने भीतर का योद्धा, प्रेमी या साधक पुकारे–तो इन पंक्तियों को स्मरण कर लेना।
मैं चला जाऊँगा, पर शब्द रहेंगे।

और यदि शब्द भी मौन हो जाएँ – तो भाव शेष रहेंगे।
आपके अंतर्मन की यात्रा में
यदि मेरा एक भी शब्द सहयात्री बन सका,
तो यही मेरे लिए सबसे बड़ा पुरस्कार होगा।

– आकाश

www.ingramcontent.com/pod-product-compliance
Lightning Source LLC
Chambersburg PA
CBHW070647240926
51846CB00003BA/813
* 9 7 8 9 3 7 5 2 7 1 4 0 6 *